Bibliographic information published by the German National Library:

The German National Library lists this publication in the National Bibliography; detailed bibliographic data are available on the Internet at http://dnb.dnb.de .

Imprint:

Copyright © 2017 GRIN Verlag
Print and binding: Books on Demand GmbH, Norderstedt Germany
ISBN: 9783668598201

This book at GRIN:

https://www.grin.com/document/384995

Markus Giesecke

Estrategia de segmentación del mercado de una empresa. El ejemplo ADIDAS

GRIN Verlag

Universidad del País Vasco
Euskal Herriko Unibertsitatea
Facultad de Economía y Empresa (Sección de Gipuzkoa)

Estrategia de segmentación del mercado de una empresa: ADIDAS

Trabajo académico de la asignatura de Dirección Comercial

Autor: *Markus Giesecke*

Día de entrega: *14 de Diciembre de 2017*

CONTENIDO

LISTA DE FIGURAS Y TABLAS

LISTA DE ABREVIATURAS

Adidas	Adi Dassler
cf.	confer
C.F.	Club de Fútbol
EE.UU	Estados Unidos de América
FIFA	Federación Internacional de Fútbol Asociación
NBAS	New Balance Athletic Shoe, Inc.
op. cit.	opere citato (en español: en la obra citada)
UEFA	Unión de Asociaciones Europeas de Fútbol

1 INTRODUCCIÓN

La empresa Adidas fue fundada por Adolf Dassler, más conocido como Adi Dassler, en el año 1949, después de la disputa con su hermano Rudolf Dassler, que decidió separarse de la empresa y registrar su propia corporación deportiva. Adidas, empezó con 47 empleados en la pequeña ciudad de Herzogenaurach, en Alemania, con el fin de fabricar calzado y ropa deportiva y otros productos relacionados con el deporte y la moda.[1]

El famoso *Milagro de Berna* en 1954 fue posible gracias a las zapatillas de Adidas, e hizo famoso a la empresa en todo el mundo porque aquel día llovía a cántaros en Berna y los alemanes ganaron 3-2 contra los "invencibles" húngaros en un partido en que fueron determinantes las botas de tacos intercambiables, algo que nunca se había visto antes. La relación entre Adidas y la *Selección Nacional Alemana de Fútbol* ha perdurado hasta hoy día.[2]

Desde entonces, Adidas se ha convertido en una empresa multinacional con más de 60.000 empleados en más de 160 países de los cinco continentes, produciendo más de 850 millones de unidades del producto cada año y generando ventas de 19 mil millones de euros (las cifras se refieren al año 2016). La misión de Adidas es ser reconocida como marca líder mundial en deportes. Por ello, la compañía ofrece a sus clientes productos de alta calidad, para así cumplir con las necesidades de sus clientes así como de los mejores atletas y equipos del mundo.[3]

Figura 1: Logo de Adidas

Fuente: Sitio web del grupo Adidas, https://www.adidas-group.com/en/group/profile/#/adidas-and-the-badge-of-sport/, consultado en 6 de Diciembre de 2017

---

[1] Cf. Historia de Adidas, Sitio web del grupo Adidas, https://www.adidas-group.com/en/group/history/, consultado en 6 de Diciembre de 2017
[2] Cf. Historia de Adidas, op. cit.
[3] Cf. Perfil de Adidas, Sitio web del grupo Adidas, https://www.adidas-group.com/en/group/profile/, consultado en 6 de Diciembre de 2017

La ilustración 1 enseña el logotipo de Adidas que tiene un diseño de tres rayas, representando una montaña, que simboliza el espíritu olímpico y los desafíos a los que se enfrentan los atletas en el camino a la cima. Adidas tiene sus raíces en el deporte, pero el mercado de la moda, ha evolucionado en el transcurso del tiempo. La ropa del estilo deportivo ya no está limitada al deporte, sino que está presente en la vida cotidiana y la *marca de las tres rayas* tiene que adaptarse a las nuevas tendencias. Por ello, Adidas necesita una estrategia de marketing y una segmentación del mercado.

2 ESTRATEGIA DE MARKETING

El deporte es garantía de salud y un elemento universal en todas las culturas; por ello la industria sigue creciendo y ofrece muchas oportunidades, aunque las marcas deben aplicar fuertes estrategias para cubrir el mercado. El mercado global de la ropa deportiva está caracterizado por una alta competitividad y algunas de las marcas que compiten con Adidas son: Nike, Puma, Reebok, entre otros.

La marca Reebok pertenece a Adidas, y a pesar de la venta de las marcas de *golf TaylorMade*, *Adams Golf* y *Ashworth* con el fin de centrarse en sus marcas principales, la compañía tiene un amplio portafolio de productos, incluyendo en este, calzado deportivo, ropa y accesorios; tales como gafas, bolsos, balones, pulsómetros, relojes y otros productos relacionados al deporte.[4]

Después de un exitoso año 2016, la empresa tiene puesta la vista en el futuro y quiere acelerar sus ventas y beneficios como parte de su plan estratégico hasta 2020. El ingreso neto debería aumentar anualmente, de media, entre un 20% y un 22%. Las ventas por internet podrían alcanzar los 4,000 millones de euros. También intenta enfocarse más, en el tema de la cultura corporal, en sus competencias básicas y en sus dos marcas principales.[5]

Las marcas globales se crean en ciudades globales y, por ello, la empresa se ve obligado a adaptar sus actividades de ventas y marketing con el fin de ser líder en seis ciudades claves; estas son Nueva York, Los Ángeles, Londres, París, Shangai y Tokyo. Se trata de una estrategia que tiene el objetivo de doblar los beneficios en estas ciudades.[6]

---

[4] Cf. Adidas vende TaylorMade y otras dos marcas de golf por 391 millones, http://www.europapress.es/economia/noticia-adidas-vende-taylormade-otras-dos-marcas-golf-391-millones-20170510210636.html, consultado en 7 de Diciembre de 2017
[5] Cf. Adidas increases sales and earnings guidance until 2020, Strategy execution to be accelerated, Sitio web del grupo Adidas, https://www.adidas-group.com/en/media/news-archive/press-releases/2017/adidas-increases-sales-and-earnings-guidance-until-2020/, consultado en 6 de Diciembre de 2017
[6] Cf. Adidas increases sales and earnings guidance until 2020, op. cit.

3   SEGMENTACIÓN DEL MERCADO

Según Philip Kotler y Gary Armstrong, la segmentación del mercado es *dividir un mercado en grupos de compradores que tienen necesidades, características o comportamientos bien definidos, y que podrían requerir productos o mezclas de marketing distintas*. Un segmento de mercado es un *grupo de consumidores que responden de forma similar a un conjunto determinado de esfuerzos de marketing.*[7]

Para la mayoría de las compañías es imposible satisfacer todo el mercado y todas las necesidades de los consumidores. Por esta razón, es necesario dividir el conjunto del mercado en pequeños grupos de consumidores, o segmentos. En este proceso, es importante identificar y separar las preferencias de los compradores, especialmente de los compradores que comparten deseos y necesidades similares.

El grupo Adidas está dividida en dos marcas y en tres líneas de productos, para segmentar el mercado según las diferentes valores y necesidades de los consumidores: Originals, Performance y Neo. Cada línea mantiene la personalidad de la marca y cuenta con una oferta de zapatos, ropa y accesorios deportivos y un diseño de logo similar pero distinto.

La división **Originals** refleja la herencia de Adidas y se identifica por el trébol en el logo a partir de 1972. Hoy en día, no se ve como algo de mal gusto vestirse con ropa deportiva y, por ello, esta línea lleva el estilo del campo a la calle. Los productos de la línea son innovadores, clásicos y auténticos. Originals se dedica a la ropa de vestir para adolescentes y jóvenes que no sólo la llevan para hacer deporte, sino también para su vida cotidiana.[8]

Figura 2: El logo de trébol de Adidas Originals

Fuente: Sitio web del grupo Adidas, https://www.adidas-group.com/en/group/profile/#/adidas-and-the-badge-of-sport/, consultado en 7 de Diciembre de 2017

---

[7] Cf. Kotler Philip, Armstrong Gary, Fundamentos de Marketing, Pearson, Sexto Edición, México, Prentice Hall, 2003, Página 61
[8] Cf. Perfil de Adidas, op. cit.

Adidas Sport Performance es la línea que se dedica a los deportistas de todas las disciplinas que buscan los productos más funcionales y con el mejor rendimiento deportivo. Para poder ayudar a los atletas y satisfacer a sus necesidades, esta línea contiene ropa y calzado y accesorios técnicos de alta calidad diseñados según los últimos avances tecnológicos. Los productos Performance se encuentra en muchas categorías: Fútbol, Training, Baloncesto, entre otras.[9]

La línea de **Neo** está creada para los jóvenes y contiene todo lo que los pequeños necesitan para sentirse cómodos y a la moda. Los productos son una mezcla ideal entre moda deportiva, informal y divertida.[10]

Reebok es una marca estadounidense de ropa deportiva y calzados que pertenece al grupo Adidas. El fitness es una manera de vivir y, por eso, la misión principal de la marca es ser la mejor marca de fitness del mundo. Reebok quiere inspirar a las personas para que se pongan en movimiento y disfruten de los beneficios físicos, mentales y sociales que aporta el deporte a la salud.[11]

Figura 3: Segmentación del mercado de Adidas

Segmentación geográfica	Segmentación demográfica
Divide a los mercados en diferentes unidades geográficas - Región - Tamaño de la ciudad - Densidad del área - Por ejemplo el enfoque en ciudades grandes como Nueva York, Los Ángeles, Londres, París, Shangai y Tokyo	Divide a los mercados en diferentes segmentos en base a la edad, el sexo, los ingresos, el estado marital etc. de los consumidores - Sexo: hombres y mujeres - Edad: Adolescentes y jóvenes - La clase social: media-alta y alta - Por ejemplo la línea Neo para los jóvenes
Segmentación psicográfico	**Segmentación conductual**
Divide a los mercados en base a los estilos de vida descritos en términos de actividades, intereses y opiniones - Trabajar duro y ganar	Divide a los mercados en base a la motivación, la personalidad, las necesidades y las actitudes - Atletas

---

[9] Cf. Perfil de Adidas, op. cit.
[10] Cf. Perfil de Adidas, op. cit.
[11] Cf. Perfil de Adidas, op. cit.

- Experiencia	- Aficionados de la marca
- Personas están convencidos que "Nada es imposible"	- Personas que están buscando el rendimiento deportivo a todos los niveles

Fuente: Propio diseño

La segmentación de Adidas está basada en factores geográficos, demográficos, psicográficos y conductuales. Referente a la segmentación del mercado, se puede constatar que Adidas ofrece sus productos a hombres, mujeres y niños, de la clase media-alta y alta, de todas las edades, trabajadores, con una vida saludable, y involucrado en el mundo del deporte.

4 ANÁLISIS EXTERNO

Adidas se ha convertido en una de las marcas más importantes de la industria deportiva, utilizada por multitud de deportitas y equipos que eligen la marca por la calidad de sus productos. La marca alemán no solo tiene una relación con la selección alemana de fútbol y fútbol sala, sino también patrocina a algunos de los clubes y jugadores más prestigiosos del mundo, entre ellos la Real Sociedad de San Sebastián, que se viste con camisetas de Adidas.[12]

De todos modos, Adidas es el líder global en el mundo del fútbol. La empresa es el patrocinador y proveedor oficial de las principales federaciones internacionales de fútbol (FIFA y UEFA) y sus torneos respectivos (la Copa Mundial de la FIFA™, la Eurocopa 2012 y 2016 y la Liga de Campeones de la UEFA), federaciones nacionales (España, Rusia, México, Japón, Dinamarca, Grecia), ligas (como la Major League Soccer en los Estados Unidos), clubes (Real Madrid C.F., AC Milan, Chelsea FC, FC Bayern Múnich) y jugadores (como Lionel Messi, Xavi Hernández, Thomas Mueller, David Villa, Nani, Robin van Persie y David Beckham).[13]

Adidas también es el proveedor oficial de los balones de fútbol de la Copa Mundial de la FIFA™. Los diseñadores y desarrolladores de la empresa nos enseñan en cada mundial cómo combinar un diseño moderno y la tecnología más avancada para crear el balón perfecto.[14]

---

[12] Cf. Tienda online de la Real Sociedad San Sebastian, https://tienda.realsociedad.eus/, consultado en 8 de Diciembre de 2017
[13] Cf. Sitio web de la Federación Internacional de Fútbol Asociación (FIFA), http://es.fifa.com/about-fifa/marketing/sponsorship/partners/adidas.html, consultado en 8 de Diciembre de 2017
[14] Cf. Sitio web de la Federación Internacional de Fútbol Asociación (FIFA), op. cit.

Adidas ofrece productos personalizados y no personalizados y vende sus productos de la manera directa en su tienda *Outlet Herzogenaurach*, en tiendas locales propias, en la tienda web de Adidas o en las diferentes tiendas online. Los productos son diferenciados según las diferentes marcas y líneas y, por eso, es lógico que se encuentran productos de diferentes precios. Adidas se reserva el derecho de realizar modificaciones de sus precios y productos y establecer ofertas o descuentos especiales.[15]

Figura 4: Ingresos de Nike, Adidas y Puma en el segmento del calzado

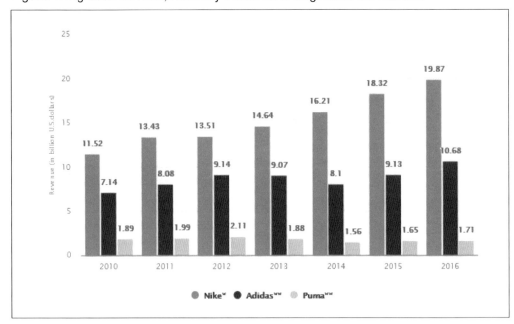

Fuente: Statista.com, *https://www.statista.com/statistics/278834/revenue-nike-adidas-puma-footwear-segment/, consultado en 7 de Diciembre de 2017*

La figura 4 enseña los ingresos anuales de los grandes productores en el segmento del calzado, Nike, Adidas y Puma, entre 2010 y 2016 (en mil millones de dólares estadounidenses). Los datos indican que la marca Adidas se encuentra en la segunda posición, pero sus precios competitivos la han llevado a conseguir ingresos de más de diez mil millones de dólares en el año 2016. Sin embargo, Adidas ha perdido terreno frente a su principal rival Nike en los ultimos años. Estrechar esa brecha será el último desafío de la empresa que espera que su nueva estrategia de marketing dé un nuevo impulso a la marca. Frente a su eterno rival alemán Puma, Adidas viene consiguiendo mantener una posición dominante, incrementando su cuota de mercado y ganar nuevos consumidores.

---

[15] Cf. Términos y Condiciones de Adidas, sitio web de Adidas España, https://www.adidas.es/help-topics-terms_and_conditions.html, consultado en 8 de Diciembre de 2017

La siguiente figura 5 enseña cómo se reparte la cuota de mercado mundial de las marcas más grandes de calzado atlético deportivo en 2015. En primera posición se encuentra Nike que domina el 22,9 por ciento del mercado. Adidas ocupa el segundo lugar con 9,7 por ciento en esta categoría, un 5,3 por ciento más que la otra empresa estadounidense, New Balance Athletic Shoe, Inc. (NBAS), con sede en Boston, Massachusetts. La rival principal en Alemania, Puma, se encuentra en la sexta posición con 2,1 por ciento.

Figura 5: Cuota de mercado en calzado deportivo en el mundo (2015)

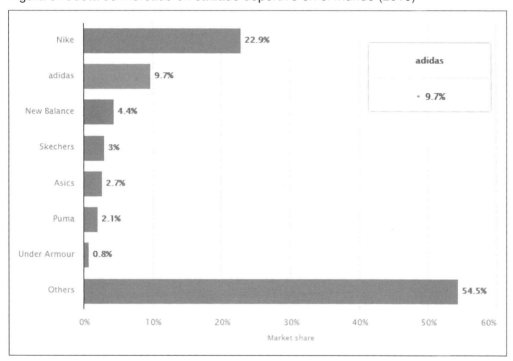

Fuente: Statista.com, https://www.statista.com/statistics/246501/athletic-apparel-companies-ranked-by-global-market-share-in-footwear-sales/, consultado en 7 de Diciembre de 2017

5   CONCLUSIÓN

Adidas tiene una alta reputación en todo el mundo y demuestra dominar la segmentación con mucho éxito, conociendo bien las distintas necesidades y preferencias de los consumidores. La marca tiene tres líneas principales: Adidas Sport Performance, Adidas Original y Adidas Neo. Todas las líneas, que están caracterizados completamente por el estilo deportivo, ofrecen ropa callejera para hombres y mujeres. La misión es ser el mejor productor de calzado y ropa deportiva mundial, pero todavía sigue siendo inferior a su rival Nike en cuota de mercado y rentabilidad. Quién sabe si Adolf y Rudolf Dassler, que llevaron a la tumba sus diferencias irreconciliables, en la actualidad hubieran trabajado juntos para desbancar a la "todopoderosa" marca Nike de su primer puesto.

Bibliografía

I. Libros

Kotler Philip, Armstrong Gary, Fundamentos de Marketing, Pearson, Sexto Edición, México, Prentice Hall, 2003

I. Internet

Europa Press, http://www.europapress.es, consultado en 7 de Diciembre de 2017

Sitio web del grupo Adidas, https://www.adidas-group.com, consultado en 6 de Diciembre de 2017

Sitio web de la Federación Internacional de Fútbol Asociación (FIFA), http://es.fifa.com/about-fifa/marketing/sponsorship/partners/adidas.html, consultado en 8 de Diciembre de 2017

Statista.com, https://www.statista.com, consultado en 7 de Diciembre de 2017

Términos y Condiciones de Adidas, sitio web de Adidas España, https://www.adidas.es/help-topics-terms_and_conditions.html, consultado en 8 de Diciembre de 2017

Tienda online de la Real Sociedad San Sebastian, https://tienda.realsociedad.eus/, consultado en 8 de Diciembre de 2017Cf.

CPSIA information can be obtained
at www.ICGtesting.com
Printed in the USA
LVIC060125140520
655544LV00001B/59